JN495234

벚꽃 핀 길을 너에게 주마

문학의전당시인선 32
벚꽃 핀 길을 너에게 주마

ⓒ 김정희 2007

초판인쇄 2007년 04월 25일
초판발행 2007년 04월 30일

지 은 이 김정희
펴 낸 이 김충규
편집주간 배한봉
편집위원 김유중 이형권 강동우 오태호
편 집 장 유미애
펴 낸 곳 문학의전당
출판등록 제387-2003-00048호(2003년 9월 8일)

주　　소 152-841 서울특별시 구로구 구로 6동 97-1 로얄프라자 206호
전화번호 02-852-1977
팩시밀리 02-852-1978
블 로 그 http://blog.naver.com/mhjd2003
전자우편 mhjd2003@naver.com

ISBN 978-89-91006-58-4 03810

* 이 책은 인천문화재단의 창작기금을 받아 제작되었습니다.
* 이 책의 판권은 지은이와 문학의전당에 있습니다.
* 양측의 서면 동의 없는 무단 전재 및 복제를 금합니다.
* 잘못된 책은 바꿔드립니다.

벚꽃 핀 길을
너에게 주마

김정희 시집

문학의전당

自序

까치밥

늙은 감나무
잎 진 가지 끝에 핀
등불 하나
아직도 살아 있다
바알갛게
아슬아슬하게

*이 시집을 門 밖에 서 있는 또 다른 '나'에게 바친다.

차례

1부 門이 없는 집

2부 내 生의 목발은 무엇인가

3부 두 개의 오브제

1부

門이 없는 집

순례

늙은 比丘僧 둘이
종점 역 앞을 걸어가고 있었다
바람과 바랑이 번갈아
그들의 굽은 등을 밀어주었다
길은 있고
없고
그들의 발자국만
눈 위에 남아 반짝였다

목마름

누워서
마루 깊숙이 들어와 노는 햇볕을 만지작거리고 있을 때
전화벨이 울린다
–너와 여행가고 싶어
어느 봄이 말한다
장롱 안의 옷들과 가방이 술렁이기 시작한다
신발이 귀를 세우고
가슴속에서 화석이 되어가던 숱한 길들이 출렁출렁
간이역을 매달고 달리던 기차소리 아득하게 날자
깨어나는 몇몇 절간들
푸릇한 산등성이를 넘어오는 강물 강물
우포라나 감포라나 부다페스트 하노이 DMZ라나
하는 것들이
봄꽃송이들처럼 터진다
마루는 순식간에 아 수 라

몽매한 봄아
무시로 아우성치는 통증들은 어디다 두고
저렇게
허공을 트느라 가쁜 숨 몰아쉬는 목련 빛들은

또 어디에다 걸어두고
떠나자는 것이냐
내 길들은 접힌 지 오래인데

불면 4

야윈 잠
남은 한 끝마저 잘라 가는 손 있다
문을 틈 없이 막아도
막아도 스미듯 와선
가위질하는

해후

부평역 앞
코아빌딩 꼭대기에 빙어 닮은 별 두엇 뜬 저녁이었다
늙은 노새 같은 리어카신발가게의 신발들 위로
컴컴한 삭풍이 쏟아지던 저녁이었다
순대 국밥집 골목길을 타고 온 사내 둘이
비틀거리며 신발 속에 부푼 발을 디미는 동안
씨발, 씨발, 도 함께 쑤셔 넣어지던 저녁이었다
종일 누군가의 따듯한 발목을 기다리던 신발들이
모처럼 그 발목에다 제 얼굴 비벼보던
저녁이었다

그 뱀의 늦봄

내셔널 지오그래픽에서 허물 벗는 뱀을 보는데
스르르 운서동 들녘의 마른 水路가 밀려온다
물기 없는 콘크리트 바닥에서
시간의 뿌리를 간신히 붙잡고 있던
검은 목숨 하나 온다

얼마 남지 않은 생의 빛에도 눈이 부셨는가 놈은
눈을 감고
밀물 같은 잠을 애써 물리고 있었다
그러나 잠은
긴 육신을 채우고 있던 생의 얇아진 기억마저 몰아내며
마지막 숨자락을 흔들었다
바람이 일었다
산비알에서
청미래덩굴 붉은 열매가 툭,
한 획에
놈은 시방세계十方世界로 들고
수로에는
깊은 어둠 한 덩이만이

화면 속의 뱀은
허물을 다 벗고 덤불숲으로 사라진다
묵은 집 한 채
먼지처럼 풀풀 날리고 있다

소리그물에 갇혀

거의 매일 밤
내 방은 도둑괭이들의 울음소리로 채워진다
갈 곳 없는 소리들이 모여들어
집 한 채를 짓는다
나는
鬼哭 같은
울음을 베고서
책을 읽고 글을 쓴다
그러다 보면 드물게
괭이 눈알처럼 冊 속이 환해져
길이 금세 드러날 때도 있다

담쟁이, 여름을 끌고

몸속 푸른 燈을 일제히 켜고
고지를 향해
한 방향 전속력으로
질주해 가는 저것은
, 파시즘이다

한 치의 게으름도 맹목도 잠입할 수 없는
狂氣어린
스크럼의 세계

바람벽이 위태롭다
서있는 침묵이 위태롭다

폐교를 거닐다

영흥 바다가 주인인 그 학교는
생선궤짝만 했다
사철 썰물인 거기
李충무공 혼자 서 있었다
녹슨 시간을 되씹으며
아이들 대신 풀들이 달리는 운동장을
풀들이 지치는 미끄럼틀
우 우 풀들이 기어오르는 정글짐을 바라보고 있었다

아이들의 숨소리 지워진 지 오래인 곳으로
한 떼의 바람이 왔다
낙서들이 전설처럼 남아있는 변소간에서
모가지 비틀린 수도꼭지 앞에서
등나무 허리춤에서
없는 웃음소리 들끓었다
그러는 사이
멀리 나갔던 바다가 한걸음에 달려왔다
푸른 주름옷을 겹겹이 걸친 바다가
허공을 밀치며 와서는
고요에 잠긴 학교를 껴안았다

영철이덕수길례상범이순영이병호정임이숙자준태명희
꽃 이파리들 무수히 떠올랐다

마을사람들이 소금냄새 버리고 떠나간 뒤
마마자국처럼 남겨진 그
학교는
물질하지 못하는 늙은 水夫
늦가을 볕 속에서
시계태엽이나 거꾸로 감고 있는

開心寺
–돌계단

상왕산 늑골 위로 간다 나는
오체투지로 닳아진 뼈들 사이
장엄한 시간의 지층을 밟으며 간다
여기저기 붙어있는 미혹迷惑들이
어쭙잖은 文字들이
봄눈 녹듯 사라지는 길
동행하던 바람이
내 심장을 열고
말 한 조각 떨군다

마음을 숙여라

비로소
안의 소란이 멎는다

門이 없는 집
—제부도에서

고요했다
어디가 앞이고 어디가 뒤랄 것도 없는 그 바다에
나를 내어주고 서 있으려니
물결에 씻겨 말개진 겨울햇살들이 와서는
가슴을 어루만지다 가고 어루만지다 갔다
물새들은 연신
제 발목에 파도를 묶어 와
내 발 앞에 부려놓곤 하였다
그러면 그것들 내 몸을 감아 오르며
내 안의 어둔 것들을 쓸어내는 거였으니
철썩 철썩
내가 조금씩
환해져 가는 거였으니

벚꽃 핀 길을 너에게 주마

대낮에
꽃 양산이 즐비한 거리를 늙은 고양이처럼 걸었다
바람이 불었다
내 좁은 흉곽으로 經들이 떨어져 내렸다
시간이 흘러도 읽어내지 못하는 까막눈을
새들이 꺼내 물고 네거리 쪽으로 갔다
길고 긴 詩句를 받아 적는지
한 떠돌이가 오랫동안 자리를 뜨지 못했다
어디에도
우리가 지나 온 길보다 더 긴 시구를 가진 시는 없다*
나는 꽃 핀 길을 접어 주머니에 넣었다
유랑하는 청춘들의 푸른 이마를 적시며
행상꾼의 생선비린내를 몰며
삼라만상 狂氣들을 덮으며 흘러가는 經들 위로
다시 발을 얹었다
네게로 가기 위해

*존 버거의 시 「이별」에서 차용

무서운 동백

해를 백 개쯤
삼켰음직한
저 눈깔을 보아라

여우를 백 마리쯤
발라먹었음직한
저 입술 보아라

벌건 대낮의
지독한
오르가슴!

포도밭 겨울

나는 지금
山門에 들었는가
한 눈에 잡히는 것은
침묵의 능선에 흰 허리를 걸치고 있는
동안거冬安居 수도승들
금가고 헤진 시간 내려놓고
마음마저 허공바랑에 담아두고
칼바람으로 저를 채찍질하고 있다

사방에서 고요가 꿈틀거린다
한 조사祖師와 한 부처가
거대한 포도알 속에서 걸어 나온다
내가 받지 못하는 그 속의 말들을
시절 없이 눈 밝은 새들이
읽어다
내 귀를 닦아주리라

나뭇잎 편지

김 시인에게
하루 종일 시가 오는 쪽으로 목을 빼고 기다리는 동안,
그 목이 점점 길어져서 혹여 기린을 닮아 가면 어쩌나!
잠도 서서 자야 하니 말예요. 조금 자고 늘 깨어 있어야
하니 말예요. 시를 목말라 하는 시인은 시를 향해 깨어
있어 기린처럼 긴 목을 지니고 있을 터이니, 아름다운
기린의 목덜미 아래로…*

편지를 읽는 사이
마음에 켜진 등불로 한껏 밝아진 나는
종일 어두워지지 않았다
아프지도 않았다
그리고
그날 밤
별들을 헤치고
내 안으로 든 기린이
나를
詩의 門으로 데리고 들어가
목을 축여주었다
오랜만에 단잠 이뤘다

*김길나 시인이 보내온 편지

마음으로 만지는 그릇

소격동 티벳박물관에서 본다
조장鳥葬 뒤에 밥그릇이 되어 天空을 넘어온
두개골을
제 흔적을 남김없이 지우지 못하고 유랑하는 이것은
한때 어느 영혼의 그릇이었나

지상에 하나뿐인 것과
오래 눈을 맞춘다
태초의 그릇이란 이처럼
앞서 간 어미 아비 아우 동무들의 머리통이었으리
시간이 비워낸 그 속으로
날아드는 물과 열매들을
처음 받아 안았을 때 비로소
그릇이 되었으리

두개골 밑으로
절벽 같은 길이 흐른다
그리로 오는 것은
백팔 년 전
고원의 바람소리인가

살을 발라먹던 독수리의 부리가 허공을 쪼아대는 소리인가
문득
귀가 먹먹하다

乙酉年 첫 눈

누군가
구름冊을 펼치자
무성영화가 시작되었네
소리 없는 소리를 타고 내려오는
九天의 넋들
장엄한 춤사위가
거대한
공중스크린을
가득 메웠네

春晝

들숨과 날숨들이 후끈
달아올랐다
밑이 통통 부어오른 물싸리나무들
몸 근지러워
근지러워
바람은 사방에다 아이를 만들고
江물은 밤새 쿨럭거렸다

자고 나면
푸른 깃발이 섰다

활시위를 벗어난 봄은
치정처럼 밀려드는데
지랄 같은 떼바람에
목구멍만 아팠다

동백꽃 지다

덜컥,

한 생애가

갔구나

제 깊은 그늘 속에다

영원히

몸을 던졌구나

소리들이 나를 먹어치운다

겨우 붙든 잠을 산산조각 내는 저 소리는 무엇인가
귀를 활짝 열어보았으나
소리의 흔적은 어디에도 없다
눈을 감고 어둠을 뒤집어쓰자 다시 들려온다

수백의 개미 떼가 귓속을 돌고 있다
놈들의 날선 이빨에 고실과 고막 이소골 세반고리관
달팽이관이 차례로 사라져
귀는 껍데기만 남겨지는 중이다

이제 나는
속이 없는 귀를 달고 어디로 갈 것인가
깃들일 곳을 잃은 세상의 소리들은 또
이 새벽에 어디로 갈 것인가

소리 없이, 세고비아는

기타는
오랫동안 울림통에 고여 있던 묵은 가락이 버거웠던 것일까
어느 날 스스로 모가지를 버렸다
스물 몇 해의 시간을 단번에 버린 것이다
그때부터 기타는
해자垓字 같은 적막을 뒤집어쓴 채
벽에 등을 대고만 있다
나는 밤마다
소리유적遺蹟 앞에 앉는다
도굴꾼 마냥 귀를 걸어놓고
어둠 속에서 무늬로 남은 가락들을 더듬어간다

어디선가
잠든 세상을 열고 나온 손가락들이
기타 줄을 퉁긴다
동면을 마친 배암처럼 고개 쳐드는 노랫소리들
서서히 靜과 動의 경계를 지우며
내 속으로 흘러들어 온다
흐르다가 주절대다가 애무하다가 술병처럼
쓰러지다가 나를 휘감다가

눈을 떴다
더 이상 몽상을 할 수 없는 기타는
여전히 부러진 모가지를 달고 잠들어 있다
어제도 내일도 캄캄하게
나는
마음수첩을 펼쳐
그간의 내력들을 적어내려 간다

첫 눈

당골네가
중천에 앉아 쌀점을 치네
길흉화복이 담긴 쌀알들을
지상으로 흩뿌리네
기원이 성취될
열 알인지
죽을 만큼 나쁜
일곱 알인지

곡령穀靈들
보이게 보이지 않게
내리고 계시네

십정동
–바바리맨

해가 서쪽 하늘에 누운 한여름날
볼일 보고 돌아오는 골목길에
거친 숨소리 흩어진다
고개 돌려보니
한 사내
홀로
황홀해하고 있는 중이다 한창
부끄럼도 없이
노을보다
붉은 얼굴로

그 후 불면

따르르릉
여보세요?
....
　　　　　.......................

누구일까
막 잠든 내 머릿속을 단번에 열어젖혀놓고
도대체 말없는 그는

　누군가 잠결의 한 자락을 흔들어놓고
　한참 동안 말이 없다……개새끼!*

책꽂이에서 흘러나온 두 줄의 시구가
쾅쾅
정수리에 박힌다
새벽 네 시 반을 갉아먹던 시계바늘이
힐끗 나를 쳐다본다
잘린 잠의 끈을
이을 수가 없다

*김명인 시인의 시 「밤 두 시의 전화」에서 차용

벽화
–가을담쟁이들

철로 변 긴 옹벽에 전 생애를 걸고
두어 철 내내 벽을 타
팔부 능선에 이른 빨치산들이 불타고 있다
활 활
차가운 불의 감옥 안에서
몸서리도 비명도 없이

고요하다

지상의 어떤 물로도
어떤 힘으로도
끌 수 없는 불이 따라온다
정전되어 있던 나를
밝히며
거대한 낙관으로 마음바닥에
찍히며

늙은 라일락을 위하여

내가 그녀를 알게 된 것은 한 스물두어 해 전이다
나도 그녀도 파랗던 시절이었다
꽃사과나무 곁에 늘 수줍은 듯 서 있어 온 그녀
이제는 등도 굽고 다리도 휘어져 어느 땐 내가
나의 등으로 그녀의 등을
가만히 받쳐보기도 하는데
그녀가 엽서 같은 푸른 잎들을 매달고 보란 듯이
꽃향기 뿜어낼 때면
그녀의 봄밤은
여전히 황홀하기만 하여
그 밑에서 취하고 또 취하고
그러면
그녀는 달보다 더 환한 얼굴로 걸어와
내 목덜미를 쓸어내리는 것이다
숨이 하얘지도록
하얘지도록

2부

내 生의 목발은 무엇인가

만석부두에 들어

그 바다로 가는 길은
하늘로 가는 길인 듯 좁다
서로 어깨를 포갠 채 잠들어 있는 하꼬방들의
조갑지만 한 유리창들이 길을 인도한다
내 걸린 속옷들이 꽃무늬가 된 실뱀골목을 빠져나오자
문득 적막이다
사방에서 피어나는 잡비린내
부두는
노쇠한 창부처럼 자빠져 물때를 기다리고 있다
한 떼의 괭이갈매기들이 바다를 뒤집는다
오래전에 몸을 던진 춘천여인숙 어린 花子의
식은 눈빛이 저만치서 걸어온다
발이 묶인 배들은 고기떼 몰려오는 낮꿈을 꾸고
바다 늙은이 햇빛으로 그물을 깁고 있는데
들려온다 철썩
처얼써억
굴 껍데기 같은 그의 가슴 한복판에서
만석부두 우는 소리

늙은 단봉낙타의 밤

주안역 앞 지하상가 계단
꼽추영감이 구걸을 하고 있었다
무시로 쓸려오는 밤 눈보라가
옹이진 그의 生을
사정없이 후려갈기곤 하였다
그때마다 孤島 같은 등이
한 뼘씩 부풀어 올랐다
평생 밟아온 길들이 한데 모여 있는지
욕망의 찌꺼기가 들어 있는지
아무도 알지 못할
深處에
컴컴한 눈보라 쌓여갔다

선물꾸러미를 든 흰 어깨들이
징글벨을 타고 우르르 내려왔다
총성인 양
영감의 언 손바닥 위에서 울리는
단발, 의 금속성
그리고 난 뒤
검은고양이 네로가 스피커 속을 세 번이나 맴돌도록

손바닥은

고요하기만 하였다

검은 뼈

시장에서 참숯을 샀다
갈참나무의 뼈를 샀다
흙가마를 휘감는 천 도의 불길 속에
제 肉을 날려버리고
훠얼 꿈들을 날려버리고
단단한 심지로 남은 靜寂 한 덩이 샀다

가볍다,
가볍다,
욕망을 사르면 이리도 가벼워지는 것이냐
죽어서도 세상을 맑게 하는 것이냐
생명을 부추기는 것이냐

보이지 않는 참나무 한 그루
나를 따라오며
길을 일러주었다
견고한 불빛이 되어주었다

귀가歸家

말복 날
지렁이 한 마리
길 건너고 있다
영금보살 집 앞에서 보신탕 집 쪽으로
은폐할 수 없는
生을
햇빛채찍 앞에
들이대며
구만리 장천길 가고 있다

여름 속의 겨울

중복伏中,
두꺼운 털옷이 전철에 오른다
격렬한 더위와 싸워대는 세상은 아랑곳없이
그는 홀로
한겨울 눈보라에 갇혀 있다
사람들 서둘러 뜬 자리에 앉아서도
연신 모가지를 움츠린다
무엇이 그를 강추위 속으로 내몰았나
누가 그를 生의 크레바스에 빠뜨렸나

그의 지독한 냄새는
아무도 범접치 못하게 하는 가시울타리
사람들과 울타리 사이에
침묵이 침묵처럼 끼어있다
사내의 감긴 눈꺼풀이 심하게 요동친다
그는 지금
마음도끼를 벼리고 있는 중일 거야
꽝꽝한 제 가슴얼음장 깨어 부술

전철이 멎고

나는 삼십 도의 여름 속으로 내린다
옷깃에 붙어온 가시 하나가
나를 찌르며 따라온다

무료급식소

한, 때가 되자
이빨 빠지고 등골 휜 낙타들이
하나 둘 모여들었네
걷거나 버스를 타거나 전철을 타고 사면 팔방에서
도시사막 한가운데로
욕망의 구더기로 들끓던 봉우리 대신
허기와 고독이 출렁대는 봉우리를 세운 낙타들이
터벅터벅 왔네
잠시 후
밥 차가 오아시스처럼 열렸네
낙타들은 바람을 한 짐씩 짊어지고 밥을 먹었네
남은 생애를 확인하듯
말없이
황사黃砂 섞인 봄을 씹었네

닿지 못한 길

고양이 한 마리
사차선 도로를 횡단 중이다
화적 떼처럼 달겨드는 불빛파도를 헤치며
이리저리 발을 놓는
아찔한 곡예
귀가를 서두르는 차들은 좀체 길을 열어주지 않는다
놈은 흰 차선을 보루 삼아 가까스로 生을 지켜내고 있다
이승과 저승이 한 線 위에서 흔들린다
놈은
목숨줄을 당겨 잡고 힘껏 뛴다 그러나
어느 자동차 속도의 칼날에 가차 없이 끊어져버리는
줄,

순식간에 바닥이 되어버린 놈을
上弦이 내려다본다
끝내
이르지 못한 길의
광고탑에 내 걸린 교통상해보험 현수막이
한 옥타브 높게 울어댄다
초저녁이다

또 다른 바닥論

어느 시인은
바닥의 힘을 온몸으로 전수받기 위하여 매일 바닥에서 뒹군다*고 했다

나도 매일 바닥에서 뒹군다
그러나 바닥은 내게 무언가를 전수해 줄 대상이 아니다
거북이 등짝이며 혓바닥이며 생채기이며
날개이며
사랑이며 指紋이며……무슨 섭리
혹은 벗어버릴 수 없고 지울 수도 없는
무겁고 찐득찐득한 운명이다
하여 십여 년 전에도 오늘도 나는
한결같이 바닥 위의 바닥이다
그 바닥이 전화를 받고 정치면을 읽다 욕하고
冊을 읽고 알약을 세고
개 울음을 베고 시를 읽다가
천장의 거미가 움직여 간 거리를 잰다

바닥은
누워 있는 하늘

갖가지 구름들이 숭숭 피어나고
살아있는 神話가 들려오는 곳
모든 것의 시작과 끝이 이루어지는
숭배의 자리다
바닥은

*김나영 시인의 시 「바닥론」에서 차용

동토凍土에서

선달 하순의 전동 거리를 지난다
퇴물사내들이 봄여름가을 내내
소주병에다 사지육신을 구겨 넣으며 영혼을 방전하던
은행나무 길
지금은 비어있다
모두 어디로 간 것일까
몽둥이 같은 추위를 피해
뒷골목의 틈바구니로 下水처럼 스며들었을까
허기진 자벌레들
어느 어둠 속에 웅크린 채
찢어진 생을 아슬아슬 붙들고
죽어도 낫지 않을 제 상처들을 핥고 있을까

상한 갈기만 남은 것들
아침이 없는 것들
깃털이 되지 못하는 것들이
흘리고 간 녹슨 눈빛이
얼음벤치 속에 남아 있다
한없이 글썽이며
한없이 떨며

변주變奏

한길에서
차에 치어죽은 쥐를 보았다
죽음이란 저리도 납작한 것이던가

광고지가 차 바람에 날려가
놈의 허리께를 덮었다
놈은 그 순간
"싼 이자로 돈 빌려드립니다"가 되었다

다녀가다

반세기 동안이나 吳氏네 식구들을 품어온 집이
포클레인 앞에 무릎을 꿇는다
기왓장들 밑에 엎드려 있던 침묵과
거기 기대어 허공 바라기 하던 담쟁이덩굴
담벼락의 소변금지와
밤 청춘들의 입맞춤을 눈감아주던 능소화가
일순 세상 바깥으로 쓸려나간다

길은 희미하다
먼지로 돌아가는 것들의 비명이
마을을 흔들어댄다
포클레인의 굉음을 상두소리 삼아
노인들 막걸리에 질펀히 젖어 가는데
떼어낸 나무문패 속의 吳氏
걸어 나와 한 사발 들이켰을라나

하늘에 둥두렷이 弔燈 내어 걸린다
지상을 떠난 것들
제 길 찾아가라고
뒤돌아보지 말고 잘 가라고
음력보름 길 밝히고 있다

질긴 자루

늙은 부랑자가
두어 뼘 그늘에 들어 하드를 먹는다
비루먹고 떠도는 개처럼
이쪽 저쪽 눈치를 살펴가며 달게 먹는다
건드리면
한꺼번에 주르륵
흘러내릴 것만 같은 주름살들이
고집처럼 걸려있는 얼굴
오윤吳潤의 판화 같은 얼굴 한 장이
반쯤 웃으며
이빨 틈으로 새나오는 부스러기들을
연신 밀어 넣는다

말복末伏이 깊어간다

*오윤 : 1946~1986, 민중미술가

십정동
–이별

三伏고개 무사히 넘긴
똥개 한 마리
오토바이 뒤꽁무니에 실려 십정동을 떠난다
누렁이는
　미안허다 미안허다아
중얼대며 손 흔드는 노파의 가슴에다
눈빛을 박은 채
철창바닥에 엎드려 간다
매일 핥던 밥그릇과 잔등에 머물던 주인의 손길
누비고 다니던 골목의 냄새와
사나운 기억들을 끌고
아구탕 집 아리랑모텔을 지나
중국식품점 모퉁이를 돌아
간다

보이지 않는 길을 향하여
(컹!)
넘을 수 없는 고개를 향하여
(컹!)

땅거미가
떠나간 자리를 서둘러 지우기 시작한다

폐허에서

도둑괭이가
동네 막다른 골목 끄트머리에서
비둘기의 식은 몸을 찢어발기고 있다
티벳 고원의 천장사天葬師처럼
능숙하게 내장을 끌어내어
공중벼랑에 넌다
쉼 없는 발톱질에
너울너울 깃털들이 날아오른다
바람에 내 시선이 묻어간 것일까
놈이 문득 나를 쏘아본다
확대된 동공에서 쏟아져 나오는 무수한 가시들이
날아와 내 심장에 박힌다
나를 덮어씌우는 거대한 소름꽃
자동차소리가 골목의 적막을 부수며 들어온다
놈은
새빨간 혓바닥을 꺼내 입을 쓰윽 닦고는
유유히 담을 넘는다

노을진창에 버려진
비둘기의 헛울음이
골목을 오래 적시고 있다

그 닭들

찬바람이 산지 사방으로 돌아다니고 있었다 그 속으로 트럭이 질주하고 있었다 거기 실린 집 한 채의 촘촘한 방마다 단두형을 기다리는 죄수들 마냥 쇠창살 밖으로 모가지 내민 놈들이 가득했다 하나같이 시선을 바닥으로 흘려 보내며 숱한 이정표를 지나 어디론가 가고 있었다 세상과는 정반대의 풍경 속으로 작별 인사도 없이 낯선 다리를 건너 들어가고 있었다 그때 어렴풋이 들려왔다 놈들의 닫힌 날개 밑에서 돋아난 또 다른 날개들 홰치는 소리 푸드드 드드득

동짓달 초하룻날이 김포 들녘의 낮달에 걸려 흔들리고 있었다

빛나는 목발

고물장수 영감이 끌고 가는 만원 손수레
뒤꽁무니 고무밧줄에
목발 하나 꽂혀 있다
영감의 다리는 멀쩡하기만 한데
저것은 대체
무엇을 부축하는 것일까
영감만큼이나 늙은 수렌가
그의 깊은 주름살 같은 生인가

목발이 구름 아래로 걸어온다
맨발로 온다
단단한 그림자를 세우며
어지러운 금들을 누르며
꽃잎 같은 발자국을 찍으며 온다 와서는
내 생의 목발은 무엇인가
나는 누구의 생을 부축하는 목발로 가고 있는가
나에게 물으라 한다

목발이 내 속으로 지나간다
비밀길 환히 열리고

절룩이던 마음들이 허리를 편다

작은 전설
-자유공원의

그는
365일 전경들의 경호를 받는다
총부리 치켜들고
인천 항구를 밟은 뒤
반세기가 넘도록
제가 건너 온 바다만 바라보고 서있는 異國사내
그의 발밑은
아직도 이데올로기의 지뢰밭이다
충돌한다 충돌한다
빨강과 파랑이, 꽃과 돌멩이가,
그 틈에서
조선의 아들들 고추바람 뚫고 밥을 먹는다
거대한 제국의 채찍을 막느라
더글라스 맥아더Douglas MacArthur 저
구리인간의 옆구리를 지키며
엄동설한 한데 밥을 먹는다

어디서 보았는가
들었는가

이런 광경을
참으로 기이해서
눈물이 다 나는

세상에서 가장 큰 함성
–세계 보도 사진전

'이란인 망명자 메흐디 카보우시가
네덜란드로부터의 강제 추방에 항의하기 위해
눈꺼풀과 입술을 꿰매고 단식투쟁을 하고 있다'
–Paul Vreeker

사내는
스스로 동굴 문에다 대못을 치고
침묵으로 봉인封印을 했다
핏발선 침묵은
그대로 함성이 되어
세상에 뿌려졌다
그러나 생존
컴컴한 소용돌이 속에서 그는
너무도 위태롭게 찍힌
한 點
이었다

3부 ··· 두 개의 오브제

보름달 속으로 난 길

오랜만에 친구 만나 거나해진 아버지
자전거 뒤꽁무니에 나를 앉히며 말했다
기왕에 가는 거
저놈에 달도 태우고 가자꾸나

아버지 등과
내 배 사이에
대소쿠리만 한 달이 끼어 앉았다
셋이서
창영동 고갯마루 길을
달려 올랐다

未忘 일기
–성묘

저어기
서쪽 낭떠러지 거슬러
빗속 천 길을 뚫고
백골어미 오신다
상수리나무숲을 밟으며 오신다
무덤에 기대 있던 고요들 챙강 챙강 깨어지고
새들 놀라 뛰쳐나간다

아가, 아가, 너는 언제쯤 유배지에서 벗어날 것 같으냐?
어머니 그 방엔 여전히 칼꽃들이 자라고 있나요?
네 발에 꼭 맞게 버선을 지어주마
나를 게워내고 가세요 어머니 어서요
배 올 때가 되었구나 늦지 마라
난 시계 보는 법을 잊었어요

점점
드세어지는 빗줄기
무덤 속으로 뿌리내린
아카시의 자잘한 이파리들을 지나
울컥거리는 염통을 지나

붉어진 두 눈 속으로
역류해온다
빗소리를 이고 절을 한다
퉁퉁 불은 북어의 눈알 비바람허공에 내걸리고
물북이 되어버린 무덤이 내 대신 울고 있다

청라도 환몽幻夢

비안개 번지는 날 그것은
거대한 짐승이었네
오래전에 삼킨 독배毒杯를 내장에 담고 신음하는

나는 하염없이 짐승의 너른 등짝 위를 걸었네
녹슨 뱃고동소리가 가뭇없는 데서 흘러오고 흘러왔네
삽시간에 어떤 말들이 입천장에 매달렸네
가득 차오르는 컴컴한 말들
속입술을 열고 솟증을 일으켰네

배에 올라야 하리 어서 올라 북을 울리며 가야 하리
서쪽바다 밑 그물에 갇혀 길길이 뛰는
바다아비들의 심장을 재워야 하리
싯붉은 울음소리 꺼내어 마시고
기울여 마시고
남은 것은 옷자락을 찢어 염殮해야 하리
둥둥둥둥 둥둥둥 둥둥

동서남북이 뒤엉킨 허허벌판
얼마나 돌았을까

끝없이 몰려들던 흐느낌이 발아래서 숨을 죽였네
몸을 떨던 나문재들도 고요해졌네
어디선가
해오라기를 품은 늙은이가 배를 저어 왔네
젖은 땅이 출렁거렸네
여기가 어딘가요?
어디긴 어디 눈먼 짐승의 뱃속이지

*청라도 : 인천 앞바다에 있던 섬으로 1980년경에 매립되었음

두 개의 오브제

아비와 어린 딸년이 흑백사진 속에 앉아있다
풍경 한 점 끼어들지 않은 거기
박제된 시간 속에
고요한 입술로
서로 다른 시선으로
禁書처럼
아득하게

목련이 흐르던

꿈이었나

빈 나뭇가지들마다
흰 옷 입은 어미 아비들이 걸려있던 거
세상의 喪者들이 흘린
고요한 哭을 받아 물고
새벽門을 열던 거
아흐레 동안
소리 없이 번져오던 요령소리가
나를 물어뜯던 거
시나브로 내가 없어지던 거

파묘破墓

흰 장갑들이
둥근 방의 속 門을 열기 시작하자
앞서 뛰어 들어간 빛이
잠깐 사이에 검은 안개를 몰아낸다
침묵의 또아리가 서서히 풀려 나온다
맨 밑바닥에
金氏 있다
오래도록 입고 있던 뼈의 옷은
시간이 다 벗겨내었으리라
그는
本質만으로 눈부시게 떠서는
하늘을 올려다보고 있다

흰 장갑들이 그를 들어 올린다
머리 가슴 팔뼈와
머리에서 이탈했던 희끗한 머리칼들이 지상으로
짧은 한 다리뼈도 춤을 추듯
절룩이던 생애를 매달고 올라온다
그것들을 바람이 받아 안아
백지 위에 눕힌다

몇 시간 뒤면 그는
지상을 뜰 것이다
불의 너울에게 모든 것을 내어주고
더 깊은 어둠 속으로
아무도 볼 수 없는 데로
갈 것이다

상수리 나뭇가지에서
새가 운다

조문객弔問客

장대비 쏟아지자
공터 웅덩이 앞에 모여 있던 아이들이 모래알처럼 흩어졌다
순식간 빗소리와 나만 남았다
발길이 어떤 힘에 이끌린 듯 웅덩이로 흘러갔다
물을 베고 누운 개
엉겨 붙은 잠 한 덩어리가 둥둥
떠 있었다
生을 놓지 못하는 미련줄인 듯
저승과 이승의 사잇문을 가로막은 사슬인 듯
놈의 모가지를 죄고 있는 붉은 노끈자락이
서늘했다

누가
저 젖은 날개를 말리고 딱딱해진 말들을 녹이고
유서 같은 어둠을 벗겨 불어터진 넋을 어루만져줄 것인가

시선을 거두어 돌아오는 길
노끈이 내 발목을 감으며 따라왔다
빗길이 온통 붉었다
그 위에

시구문屍軀門을 빠져나온
꽃
한 송이,

닭 이야기

‘전기구이통닭한마리5천원포장해드립니다’
긴 쇠꼬챙이가 닭들의 옆구리를 관통했다
오열횡대로 늘어선 닭들이 회전하며 익어가는 동안 바깥에선
닭 모양을 한 새빨간 네온 불이 손님들을 부른다

대문간 옆 닭장에서 아비와 수탉이 실랑이를 하고 있다
놀란 닭들이 한데 몰려다니며 소리를 질러댄다 마침내
꽁지를 붙잡혀 끌려나오는 놈, 벼슬이 유난히도 붉다
나는 4홉들이 소주를 사 가지고 대문 안으로 들어선다
갈색소주병 너머로 모가지 떨군 채 피 흘리는 놈이 보인다
부엌칼을 쥔 아비의 오른손이 부채만 하다
아비는 아무 말 없이 도랑으로 피를 흘려보내고 있다
나는 아비 등 뒤에 쪼그려 앉는다
좀 전까지 닭장 안에서 배추 잎을 쪼던 그놈의 부리와
새벽을 흔들던 높은 목청이 사라진 자리
나는 새끼손가락을 붉은 도랑 속으로 가만히 밀어 넣어본다
손바닥 가득 땀이 고인다
저녁 국그릇 속에 그놈의 넓적다리와 가슴살이 떠있다
빨간 대추 두 개가 놈의 눈알처럼 둥둥 떠다닌다
아비는 소주를 목구멍으로 연거푸 털어 넣는다

잔이 넘치는 줄도 모르고 나는 철철 소주를 따른다
수탉울음으로 가득 찬 국그릇
닭의 찢겨진 생애가 은수저 위에 얹히고 얹히고

전기구이 통닭을 든 손들이 하나 둘씩 사방으로 흩어져간다
어디선가 닭 우는소리 들려온다
저 네온 속 어디?

명신철학관 앞에서 3분

주안 천주교회 축대에 자전거 한 대 기대어 있다
양 바큇살에 귀를 건 헝겊 간판
명신철학관,
이 섣달바람에 펄럭인다
사주 관상 택일 궁합이라는 바랜 글자들
아래로 여인네 들어간다
헛간 같은 철학관 노인 혀끝에서
풀려 나오는 소리

甲子乙丑丙寅丁卯戊辰己巳庚午辛未……
癸亥壬戌辛酉庚申己未戊午丁巳……
세상만사란꼬리에꼬리를물고돌아가는허깨비놀음
같은거고양이머리통인가하고잡으면시궁쥐꼬리고
춤인가하면몟이고꽃인가하면피고말씀인가하면뜬
구름이고사랑인가하면칼날이고시작이끝인거그거

바람이 가시를 치켜세운다
잎 없는 나뭇가지들과 간판이 한바탕 목놓는 동안
노인의 몸은 외투 속으로 점점 잦아드는데
호주머니에서 삐어져 나온 眞露 모가지만 빳빳하다
싯푸르다

사이

감나무 잎에 들끓는 벌레들을 잡겠다고
약통 움켜쥔 손을 보니 반 坪이다
하나가 죽어야 하나가 사는 생의 논리 앞에서 망설이다
손가락 끝에 힘을 준다
이윽고
죽음을 향한
花舞

無常은 신속하여 일생이 손가락 한 번 퉁기는 사이 같거늘

순식간이었다
돌아가는
뭇 生靈들의 발소리가
내 고막을 덮친 것은

卒
–아버지

金海金公學俊之墓

哭소리는 멎었고
빗돌에 견고하게 새겨진 이름만이
턱 버티어 섰다

거기는
캄캄한 終點
오래 오래 기다려도
돌아오지 않는

해설

화석이 된 발로 벚꽃 핀 길을 걷다

백현국(시인, 문학평론가)

1.

김정희의 시집 『벚꽃 핀 길을 너에게 주마』를 읽다 보면 시인 김정희의 인간정신에 대한 직관력과 예술적 감수성이 검은 뼛조각처럼 꽂혀 있음을 느낄 수 있다. 여기서 검은 뼛조각이란 김정희의 통어력 강한 작품성을 빗댄 표현이다. 한 시인의 작품 속에 반영된 시적 성찰이 모든 시적 경험에 무차별하게 적용되는 것만큼 획일적인 진실은 없을 것이다. 그럼에도 불구하고 각 시인이 기억하는 환상이나 심미적 체험은 매우 독특한 것이며, 이 독특한 경험이 시적으로 변용되어 현실계와 상상계의 총체적인 의미를 담보하는 판본이 되었을 때 가치가 있다고 본다. 김정희의 시를 읽기 위해서는 현실을 담보한 상상력이

필요하다. 그 이유는 그의 시적 상상력의 근원이 기괴하거나 비합리적인 것들의 억지로서가 아니라 자명하고도 간결한 진실과의 교감이기 때문이다.

> 늙은 比丘僧 둘이
> 종점 역 앞을 걸어가고 있었다
> 바람과 바랑이 번갈아
> 그들의 굽은 등을 밀어주었다
> 길은 있고
> 없고
> 그들의 발자국만
> 눈 위에 남아 반짝였다

―「순례」 전문

이번 시집에서의 자기반영성은 첫 시집인 『산으로 간 물고기』에서보다 더 강하게 병치되어 있다. 50여 편의 시 전체를 관통하는 핵심 화두는 '길' 이며 그 관계망은 '순례' 와 '卒' 이다. 김정희에게 있어 '길' 은 '있다가 없어지는' (「순례」) 길이며, 눈 위의 선명한 길이었다가도 '봄눈 녹듯 사라지는 길' 이다.(「開心寺」) '바다의 길' 이 '하늘의 길' 과 통하고(「만석부두에 들어」), '구만리 장천' (「귀가」)의 길이 '천 길 낭떠러지' (「미망 일기」)로 통하는 길이 될 수도 있다. '순례' 의 의미는 시적 열정으로 오체투지 하는 것이다. 따라서 화석이 된 발바닥으로 걸어야만 하는 길이다. 현실의 길이 영혼의 길이 되고 가시적인 길이 비가시적인 길로 통하는, 도가적道家的 상상력으로만 따라갈 수 있는 길인 것이다.

"시를 쓰는 것이 두렵다. 시는 무서운 여행이고 상상력을 집중시켜야 하는 고통스런 노력"이라는 스테판 스펜더(Stephen Spender(the making of a poem))의 말을 생각하면서 시를 만지면 김정희의 시를 이해하는 단초가 되는 '길'이 보인다. '늙은 비구승 둘이', '종점 역 앞을 걸어가는' 풍경 속에서 본 '길'은 '있고/없고', '발자국만'이 '눈 위에 남아' 반짝이는 그 발자국이 서사적 개연성을 성찰과 관조의 의미로 횡단하게 만든 까닭이다. 「순례」를 맨 앞에 그리고 「卒」을 맨 뒤에 배치함으로써 시적 의도의 일관성을 생각했지만, 「순례」에서 '종점 역' 앞을 걸어가는 두 '늙은 比丘僧'의 '굽은 등'을 '바람(정신)'과 '바랑(현실)'이 밀어주는 것과 같이 「卒」도 느긋하게 선종을 기다리는 성자의 모습이나 비애의 모습으로 치환되지는 않는다. 「卒」은 오래 오래 기다려도 오지 않는 캄캄한 서쪽 유배지의 허공이자, 빗소리를 이고 절을 하는 현실인 것이다. 이 무겁고 찐득찐득한 운명 속에 김정희의 모든 '길'에 대한 관계론적 사유의 시작과 끝이 펼쳐져 있다.

2.

대낮에
꽃 양산이 즐비한 거리를 늙은 고양이처럼 걸었다
바람이 불었다
내 좁은 흉곽으로 經들이 떨어져 내렸다

시간이 흘러도 읽어내지 못하는 까막눈을
새들이 꺼내 물고 네거리 쪽으로 갔다
길고 긴 詩句를 받아 적는지
한 떠돌이가 오랫동안 자리를 뜨지 못했다
어디에도
우리가 지나 온 길보다 더 긴 시구를 가진 시는 없다*
나는 꽃 핀 길을 접어 주머니에 넣었다
유랑하는 청춘들의 푸른 이마를 적시며
행상꾼의 생선비린내를 몰며
삼라만상 狂氣들을 덮으며 흘러가는 經들 위로
다시 발을 얹었다
네게로 가기 위해

*존 버거의 시 「이별」에서 차용

—「벚꽃 핀 길을 너에게 주마」 전문

김정희의 시를 보면 "시는 존재의 신비를 심화시킨다"는 생.종.페르스(Saint-John Perse)의 말이 생각난다. 시란 현실에 대한 증언은 물론 현실 그 너머까지를 아우를 수 있는 힘을 내재하였을 때, 끊임없이 변화하고 생성하는 신비감이 생기는 법이다. 즉 신비감이란 최적, 최고의 현실을 반영하였을 때 의미가 있다는 뜻이다. 김정희 시의 신비감은 정적이고 관계론적 사유의 소산이며 노장老莊의 해체적 독법과 관련이 있다. '꽃 핀 길'은 곧 '經'이요 '詩'다.(「벚꽃 핀 길을 너에게 주마」) 시인이 말하는 '순례'의 의미와 '벚꽃 핀 길'은 분명 '삼라만상의 狂氣들을 덮으며 흘러가는 經들 위'에 상징적 사유로 남아 있다. 따라서 '길'은 현실의 길과 정신의 길이 교직交織된 이미지가 된다. 마치 상상계(the imaginary)와 실재계(the real)가 양립하는 것과도 같다. 결국 詩에 대한 몰입 자체가 곧 '순례' 요, 詩는 삶의 길이니 작품 속에 시화된 길과 구체적인 삶의 길이 이율배반적이지 않다. '길' 에 신비로운 힘이 있다는 것은 단 한 가지 요소(길)에 시어를 안치시키는 것이 아니라 여러 가지의 연상 고리로 응축시킨 것과 같다는 의미이다.

> 소격동 티벳박물관에서 본다
> 조장鳥葬 뒤에 밥그릇이 되어 天空을 넘어온
> 두개골을
> 제 흔적을 남김없이 지우지 못하고 유랑하는 이것은
> 한때 어느 영혼의 그릇이었나
> 지상에 하나뿐인 것과
> 오래 눈을 맞춘다
> 태초의 그릇이란 이처럼
> 앞서 간 어미 아비 아우 동무들의 머리통이었으리
> 시간이 비워낸 그 속으로
> 날아드는 물과 열매들을
> 처음 받아 안았을 때 비로소
> 그릇이 되었으리
>
> 두개골 밑으로
> 절벽 같은 길이 흐른다
> 그리로 오는 것은
> 백팔 년 전
> 고원의 바람소리인가

살을 발라먹던 독수리의 부리가 허공을 쪼아대는 소리인가
문득
귀가 먹먹하다

—「마음으로 만지는 그릇」 전문

시는 고도의 정신적 산물이면서 미학적 형식을 갖춘 언어 예술임이 분명하다. 아울러 당면한 부조리나 낯섦을 직관이나 감수성을 통해 표현하는 불합리한 세계관의 표출이기도 하다. 그러나 김정희는 나와 세계, 나와 타자, 나와 나 자신 사이에 있는 절연이나 낯섦을 익숙한 공유물로 변화시킨다. '소격동 티벳박물관' 에서 '조장鳥葬 뒤에 밥그릇이 되어 天空을 넘어온/두개골 밑으로/~/절벽 같은 길' 을 발견한다. 그리고 '태초의 그릇이란 이처럼/앞서 간 어미 아비 아우 동무들의 머리통' 에 숨겨진 '길' 의 비의를 환기시킨다.

김정희에게 시적 수확물을 주는 곳은 '벗어버릴 수 없고 지울 수도 없는/무겁고 찐득찐득한 운명' 의 자리이며, '십여 년 전에도 오늘도 나는/한결같이 바닥 위의 바닥' 이다.(「또 다른 바닥論」) '바닥(현실)' 을 '모든 것의 시작과 끝이 이루어지는/숭배의 자리' 라고 말하는 시인의 현실적인 바닥은 늘 소음과 취객들의 발소리로 어지러운 공간이다. 부득이하게도 옮겨 앉을 수밖에 없었던 십정동의 단칸은 시적으로는 열린 공간이 될 수도 있으나, 정작 시인은 '문이 없는 집' 을 끌어안고 살아가는 셈이다. '몽매한 봄아/무시로 아우성치는 통증들은 어디다 두고/저렇게/허공을 트느라 가쁜 숨 몰아쉬는 목련 빛들은/또 어디에다 걸어두고/떠나자는 것이냐/내 길들은 접힌 지 오래인데' (「목

마름」)이나 '겨우 붙든 잠을 산산조각 내는 저 소리는 무엇인가/귀를 활짝 열어 보았으나/소리의 흔적은 어디에도 없다/어둠을 뒤집어쓰자 다시 들려온다' (「소리들이 나를 먹어치운다」), 그리고 '야윈 잠/남은 한 끝마저 잘라 가는 손 있다/문을 틈 없이 막아도/막아도 스미듯 와선/가위질하는' (「불면 4」) 등은 시인의 고단한 현실이 그대로 반영된 것들이라 하겠다.

> 몸속 푸른 燈을 일제히 켜고
> 고지를 향해
> 한 방향 전속력으로
> 질주해 가는 저것은
> , 파시즘이다
>
> 한 치의 게으름도 맹목도 잠입할 수 없는
> 狂氣어린
> 스크럼의 세계
> 바람벽이 위태롭다
> 서있는 침묵이 위태롭다
>
> —「담쟁이, 여름을 끌고」 전문

현실에 대한 내면의 깊은 탐구 없이 획득되는 자기만족이나 낙관론에서는 그 어떤 시적 수확물도 의미가 없을 것이다. 시인은 시를 함부로 세상 밖으로 방임시켜서는 안 된다는 생각이 드는 것은 몇몇 부류들에 의해 말의 경련과 흥분, 놀이가 마치 예술적 가치와 동일시되는 것인 양 기괴한 오류들을 발생시키고 있기 때문이다. 언젠가 김정희 시인과 담쟁이덩굴과 호박덩굴의 시적 묘사에 대한 견해를 나눈 적이 있었다. 호박덩굴은 스크럼을 짜지 않는다는 이야기였다. 그러므로 호박덩굴에 대한 스크럼이라는 묘사가 단편적인 시각에 의한 주관적 해석이라면, 담쟁이덩굴에 대해 '파시즘' 이라는 관계성을 도출시킨 것은 김정희의 통찰일 것이다.

사물의 현상적 관계를 내재적 인과론으로 밝힌 것도 있다. '감나무 잎에 들끓는 벌레들을 잡겠다고/약통 움켜쥔 손을 보니 반 坪이다/하나가 죽어야 하나가 사는 생의 논리' (「사이」)는 가장 불합리한 듯 보여도 가장 합리적인 세계관의 시적 현현이다. 김정희의 시에서는 죽음이나 소멸 등의 섬뜩한 화두들을 자주 만나게 된다. 그러나 이는 삶과 시에 대한 열정을 시적으로 치환시킨 것이다. '시장에서 참숯을 샀다/갈참나무의 뼈를 샀다/흙가마를 휘감는 천 도의 불길 속에/제 肉을 날려버리고/훠얼 꿈들을 날려버리고/~/보이지 않는 참나무 한 그루/나를 따라오며/길을 일러주었다/견고한 불빛이 되어주었다' 는 것, 이것이 바로 김정희 시의 근원적인 쟁점이다.

3.

아비와 어린 딸년이 흑백사진 속에 앉아있다
풍경 한 점 끼어들지 않은 거기
박제된 시간 속에

고요한 입술로

서로 다른 시선으로

禁書처럼

아득하게

―「두 개의 오브제」 전문

지난해 시인의 홈페이지(www.madangga.pe.kr)에 마이클 두독 드 비트(Michael Dudok de Wit) 감독의 8분짜리 독립 단편 애니메이션 〈아버지와 딸 Father and Daughter〉을 올려놓은 적이 있었다. 시인은 아마도 그 영화를 통해 자신의 아버지를 충분히 떠올렸을 것이다. 내가 이 해설의 끝에 다다랐을 즈음 이번 시집에 넣을 것인가 말 것인가로 고민했다는 시를 한 편 부쳐 왔다. 그러면서 "이제 이 작품을 넣고 아버지 이야기는 끝내겠다"고 했다. '백골어미'가 와서 '아가, 아가, 너는 언제쯤 유배지를 벗어날 것 같으냐'(「未忘 일기」)고 묻는 어머니와는 달리 시인의 아버지에 대한 기억은 '서로 다른 시선으로/금서처럼/아득하게'(「두 개의 오브제」) 자리하고 있다. 그리고 '거기는/캄캄한 종점/오래오래 기다려도/돌아오지 않는'(「卒」) 곳에 있다. 시인이 마지막에 부쳐온 시를 보면서 흑백 톤의 아련한 기억 한 자락마저도 오래도록 쥐고 있기가 힘겨운 그의 막막한 현실을 느낀다.

그러나 영화의 엔딩 크레디트에서 돌아가는 커다란 자전거 바퀴가 작품의 주제인 갈망과 이별 그리고 순환과 윤회를 상징적으로 나타낸 것처럼, '아버지의 등과/내 배 사이에/대소쿠리만 한 달이 끼어 앉아/셋이서/창영동 고갯마루 길을/달려 올라' 가는 행복으로 환치시킬 힘을 얻게 되기를 바란다.

오랜만에 친구 만나 거나해진 아버지
자전거 뒤꽁무니에 나를 앉히며 말했다
기왕에 가는 거
저놈에 달도 태우고 가자꾸나

아버지 등과
내 배 사이에
대소쿠리만 한 달이 끼어 앉았다
셋이서
창영동 고갯마루 길을
달려 올랐다

―「보름달 속으로 난 길」 전문

첫 번째 시집이 낯선 것들과 버려진 것들에 대한 연민으로 이루어졌다면 두 번째 시집은 나와 세계, 나와 나 자신 사이의 절연과 아픔을 '길' 로 체화시킨 것들로 되어 있다. 김정희의 시는 삶과 죽음, 현실과 상상이라는 이항의 대립 사이에서 길을 찾고 '삼라만상 狂氣들을 덮으며 흘러가는 經들 위로/다시 발을 얹는' 기록이다.

따라서 이 시집에서 즐거움의 연원을 찾으려 했다가는 '벚꽃 핀 길' 에 굴러다니는 '해골' 들과 부딪치게 될 것이다. 역설적으로 말하자면, 모든 의미들을 숯덩이로 탄화시켜 가는 과정을 탐문하는 기쁨을 맛보게 될 것이다.